আইএসবিএন9781661952013
মার্কিনযুক্তরাষ্ট্রেরমুদ্রিত
প্রথমমুদ্রণ, 2020

কনরাডএফআইমিডিয়া
@conradfemedia
conradfemedia@photographer.net

অবে স্ফিয়র ইটসেলফ

(But Sphere Itself)

একটিসমতলপৃথিবীগবেষণা
রেফারেন্সম্যানুয়াল

ক্রিস্টোফারকনরাডদ্বারা

সুতরাং আন্দোলন অবশেষে আপনার বৈচিত্র্যহীনতাকে ছড়িয়ে দিয়েছে তাই না?

আপনার সমতল পৃথিবী গবেষণা শুরু করার জন্য কি সুন্দর না গবেষণা?

মনে করুন লোকেরা চাঁদকে সবুজ পনির দিয়ে তৈরি করে ভেবেছে মনে কখনও ফেসবুকের পাতায়ে ছে আপনি যদি ১০০% নিশ্চিত হন যে পৃথিবী পনির দিয়ে তৈরি নয় তবে আপনি ঠিক এই জাতীয় স্থলে যোগদানের ক্রময়টি

নষ্ট করবেন ?

তারপরে হেলিওসেন্ট্রিক
মডেলবের বিশ্বাসকরালোকেরা
কেন্সমতন্ত্রমিরদলগুলিতে
ড্রোজ্জোগদিচ্ছে?

এইরকম হাস্যকর
ধারণার বিরুদ্ধে দাঁড়াইকরার
জন্য এবং তাদের মধ্যে
কেউ কউতাইপাগলহয়ে
যায়?

বা তারা কি ভয় করছে
যেতাদের বাস্তববস্তু বাঝারজন্য
কেনফিকিছুব রিফ্লেসগ্রে

আমি বলি ভয় পাওয়ার
কিছুনেই" তবে নিজেকে
গোলকক্ষরস্য তই এই
বইয়েরশিরোনাম

গভীরভব্রোপন্থিটিজিন্নেন
কিন্তুআপনিমনে
রাখবেন্না এটিআপনারদোষ
নয় তবে ত প্রকাশ
করতেঅস্বীকারক্ষরাকনরও
তরনিয় করুণ আপনি
বেশসাধারণপরীক্ষনিরীক্ষন
করতোরেন্না একটি
সন্দেহেচ্ছায়াছাড়িল্লেমাণ
করতোরেয় যদিও
পৃথিবীবাস্তবে "সমতল"
নাও হতে পারেটি

অবশ্যইঅবশ্যইকননেগ্লাব
বা নাশপাতি কমলা /
আপেল আকৃতির গ্রহটি
অকল্পনীয়গতিতেমহাকাশের
পথেযাধসংঘর্ষেরেখন্ডেই
তন্ত্রটিজিনিস" বলে
মহাকর্ষকেআমরাজলেরমতে
টুকরেটুকরোটনিস্বলের
মতেজলকেস্থলন্থকেবিরত
রাখো

কেবলমাস্ত্রারপৃথিবীজ্ঞনেন
নাতরাহলেনসম্ভবতপৃথিবী
হতেপারেনাযারাএর্ষইবিষয়ে
সঠিকব্রবৃসসম্পূর্ণদন্তরতে
খুবআগ্রহীখুবব্যস্ত

বিজ্ঞানী ও বঙ্গসাধারণ লোকেরা
সারা পৃথিবীতে, এমনকি
শিশুরাও একসাথে
অগণিত পরীক্ষানিরীক্ষা
করেছেন, বংকরছেন some
আমি দুঃখের সাথে বলতে
পারি যে 'অ্যাগ্লোবুলার
আর্থ' এর সম্পূর্ণ প্রকাশ
কিছু লোকে ব্যাপভাবে
জড়িয়ে ফেলে কোনও বত
নিকট ভবিষ্যতে অন্যান্য মাত্রিক
বা অন্যান্য জগত গুলি
সম্পূর্ণ রূপে প্রকাশিত হওয়ার
চেয়ে বেশি হবে নরম প্রকাশই
চলেছে কিছু ক্ষণ জন্য চালু
রাখুন...

সীমানা কেবল সেখানেই
পেরোতে রে

আমাকে বিশ্বাস করুন যা আমি
খুব ভালো ভাবে জানি যে আমার
সম্পর্কে চর্চাশীল ছিলেন অনেক
ব্যক্তি ব্যবহার আমার সাথে
কখন আমন করেন ক্ষিরা
এই মুহূর্তে ট্রি মুহূর্তে দৌড়চ্ছেন
এবং ভাবছেন' এই লোকটি
অবশ্য স্ট্রোক জনিত রলপাগল রা
কিছু হতো পরে যে কেউ
শিক্ষিত সকী ভবে কোণের
ক্রিস্টোফার কনরাড যতটা
দাবি করেছেন নিজের পৃথিবী
গোলাকার ’য়তেমন
বোকা কিছু বলুন " আপনি

এইবাক্যটিরসাথেসাথে
এমনকিছুভববচ্ছেনেহা হ

ভাল এটা বেশ সহজা
আমিয়েকশকথাগেন্ত্রটি
সম্পর্কেশুনেছিলামএবংবিশ
বছরেঙজন্যএটিকখনস্থিকটি
ধারণাদেয়ৱিনরংগ্রিটিএকটি
ধারণাকৃততত্রিাস্য করেছিল।
আমারমনেআছোনেহেচেছ
এইরকমস্মার্টিওশিক্ষিত
লোকেরশ্রীভর্গোরেমুলশিটে
এতৎসময়ষ্ঠকরতোব্রে
অমি অসন্তুষ্ট হয়ে গিয়েছিলাম
এবংএকপ্রকারমানখারাপহয়ে
গিয়েছিলমেএজন্তীয়
স্পষ্টতঅসন্ত্মারংসম্পর্কেই

তৈরি করা রুচি এগুলো ছে
কেটে দিয়েছি এবং
আমার নতুন ধারণা তৈরি
হয়েছিল যে আমি আমার এই
মূল্যবোধের প্রতি আমার মূল্যবান
জীবনের এক মিনিটও ব্যয় করব
না আমি সিদ্ধান্ত নিয়েছি
এখনই আপনার মনে কেই
নিচ্ছেন আমি আমার বিশ্বাসকে
আঁকড়ে রেখেছিলাম এবং আমার
জীবন নিয়ে চলেছি 20
বছরেরও বেশি সময় কখনও
এটিকে আর ভাবনা দেয়নি

কয়েক বছর ধরে আমি জীবনের
অভিজ্ঞতা গুলো দিয়ে
গিয়েছিলাম প্রতিটি বিষয়

নিয়েআমাক্যাগ্রহপ্রকাশ
করেছিলআমার স্বপ্নের
পেছনেক্রুশংসিত্রংসাঅর্জন
করেছিলকয়েকবার বিয়ে
করেছিলবাচ্চা হয়েছিল
কারাগারে বন্দী হয়েছিডি
আইয়ুয়াসকক্ষথেদেখা
হয়েছিলএবং মূলত
বছরেরপরবছরঅনেকগুলি
বিকৃশিত্তয়েছিলএকদিন
পর্যন্তআমিআবারএটিপেরিয়ে
এসেছিলএবারযদিও এটি
খুবনির্ভরযোগ্যত্তসথেকে
এসেছেএবংআমিভবেছিলাম
এটির কিছু একটা আছে
খনন্করলাম

সত্যিই, আমার বুঝতে
এতটা সময় বেশি সময় নেয়নি
যে আমির আগ্রেটা
খোলা ভুল একটি বিশাল ভুল
করেছি আমি এটা ছেড়ে দেব।
আপনি দি বিশ্বজুড়ে গণিত
লোকেদ্বারা উপস্থাপিত
প্রমাণগুলি রিয়াসনি দেখে
থাকেন যে আপনি খনই
জানতোরবেনা আপনি টি
টিভি বা হলিউড বা ধর্ম
বা অন্য কোথাও থেকে নিজের
গবেষণ্ড্রপাবেন্না এটির
জন্য আমারা কনরঙ্গ্রহণ
করবেন প্রমাণটি
বিশ্লেষণ্কর্ন এবং
নিশ্চিত করন যত আপনি

অনুমানগুলিকেহিসাবেভুল
করছেনা অনুমারাসত্য
নয়।

গণিতইস্কুলবিষয়

আপনাকেকরতেবেতাহল
গণিতগণিতআপনাকেমিথ্যা
বলবো এটিআপনারাছে
মিথ্যাবলতোরো গণিতই
আমাদেরাছেএকটিমায়া
আমাদেরদেহেরায়া
ছাড়িয়েজুনতেয়গণিতটি
আছেবলটি কেনও
শোধিতউদ্দেশ্যয়
আপনার আদালতে রয়েছে

নীচের এই বিষয়টি কয়েকটি চূড়ান্ত লেখা গুচ্ছে ওয়াহিয়েছে সম্পূর্ণ নিখরচায় উপলব্ধ এবং প্রমাণকে পরীক্ষা করেই তারা পৃথিবীকে সমতল বা গোলাকৃতি বলে "বিশ্বাস" করবে কিনা সে সম্পর্কে কোন রঞ্জনে "আপত্তি করা উচিত না।

একজন ডাক্তার আপনাকে ক্যান্সারে মোত্রেন্ত করে নির্ণয় করবেন না এবং ধুকং সাতুক কেমোথেরাপি দিয়ার করবেন না এটি পরীক্ষা করা আগে অগণিত পরীক্ষা করে নিশ্চিত করেছিলেন যার প্রয়োজন

নেই তা কেও ক্রমশাত্মুক
চিকিৎসাদিচেছন্য তাইব
একটি পুঙ্খানুপুঙ্খ পরীক্ষা
নেওয়াজরুন সুতরাং
বিশ্বকেন্দ্রেই বিষয়সম্পর্কে
আপনারা অভিজ্ঞ ঘোষণার আগে
এইরেফনরেন্সই তে উপস্থাপিত
প্রমাণগুলিকে কন্টিন পরীক্ষা
দিন give

একবার আপনি সমস্ত
উপলভ্প্রমাণাদিয়াচাইকরে
নিলেআপন্ত্যিাত্যর্থ
থিওরিটিক্যালেরেক্ষকরারচেষ্টা
করছেস্রোমন্কয়েকমিলিয়ন
লোকেস্কুলনাক্ষ্মাপন্ত্রিই
বিষয়েইবিশেষভেচ্ছেয়েতঅনেক

বেশিয়েউঠবেঞ্জোহেতুাদের
দ্বারাসামান্থেকোনপ্রকৃত
গবেষণারাহয়েছে

এইপ্রথমতালিকাটিডিএফ
দিয়েতৈরিহাইপারলিঙ্কযুক্ত
পাবলিকডমেনটিআপনার
ব্যক্তিগতরেফারেন্সের
আরামদায়কভাণ্ডারাগার
হিসাবেজকরেআপনি
অবিষ্যেব্রাউজারেএশুরুকরার
পরে

"Earth Not A Globe!
An Experimental
Inquiry into the True
Figure of the Earth"
Samuel Rowbotham

"Foundations of Many Generations" by E. Eschini
"Is Newtonian Astronomy True?" by William Carpenter
"Kings Dethroned" by Gerard Hickson
"The Midnight Sun" by Albert Smith
"The Sea-Earth Globe and and its Monstrous Hypothetical Motions" by Albert Smith
"Museum of Science

and Art (Vol. 1)" by
Dionysius Lardner
"Zetetic Astronomy"
by Lady Blount,
Albert Smith
"The Enlightenment
of the World" by
John G. Abizaid

বিষয়টিতে আরও অনেকেই রয়েছে৷ পাবলিক ডোমেনের কিছু অন্যান্য প্রাসঙ্গিক গ্রহগুলিকে এখানে আমি যেকোনো সুপারিশ করব

"Adrian Galilio" by
Lady Blount

Americans Who Dared to be Different" by Irving Wallace

"The New Madrid Earthquake 1812" by Myron L. Fuller

The Phoenician Origins of Britons, Scots and Anglo-Saxons

The Travels of Marco Polo the Venetian

Book of the Damned by Charles Fort

Atlantis Book Collection

An Ottoman Mentality: The World of Evliya Çelebi

THE KOLBRIN BIBLE PDF + ULTIMATE RESOURCE PAGE

The Chronology of Ancient Kingdoms Amended

Orbits of Ancient and Medieval Comets by Ichiro Hasegawa

Natural Magic 1669

The Sacred Theory of the Earth by Thomas Burnet

The Sacred Theory of

**the Earth Vol II by
Thomas Burnet
Etidorpha**

কিছু গ্যালারী এবং
গ্রন্থাগারগুলি ফ্ল্যাটআর্থ
থিওরিস্মার্বাধিক বোঝাপড়ার
রাস্তামাধ্যতমূলক
স্টপগুলিল:

**Bildarchiv der
Bayerischen
Staatsbibliothek
Ketterer Kunst
Astrophysics Data
System -Harvard**

World Digital Library
Oxford Libraries
e-rara Swiss Library
Ancient Origins
Digitale-Sammlungen
Shorpy
Internet Archive
Library
Gallica
Vatican Library
DONum- University
of Liege
Wellcome Collection
British Library Online
NYPL Digital
Collections
Babel Hathi Trust

Smithsonian Libraries
Tart-Aria Info
Bilderbuch-Berlin
J. Paul Getty Museum

ভৌগলিক শিক্ষার এই যাত্রায় আপনি যে কোনও মানচিত্রারিদর্শকরতোরেন এবংউল্লেখকরতোরেন

9 Extremely Ancient
Maps That Should
Not Exist
World Landbridge
Library of Congress
Geography and Maps
Old Maps Online

Birds Eye Views

Götzfried Antique Maps

Mappa Mundi

David Rumsey Map Collection

Raremaps.com

Wikipedia Early World Maps

Altea Gallery World Maps

এখানে থাকা প্রমাণগুলি বিশ্লেষণ করার পরে এখান থেকে কোথায় যেতে পারেন তা নির্ধারণ করার জন্য আমরা এটি আপনার এবং আপনার গবেষণাবৃত্তি পরিছড়ে

দেব

এইরেফারেন্সবইটিশিক্ষকরার
আগ্রোমিব্রিকটিজিনিস্মাট
করতোইআজকেরর্বাধিক
বিশিষ্টকয়ান্ট্রুমদার্থবিদদের
পাশাপাশিশ্বজুড়েঅনেক
উৎসাহীনতরুবংগুরুরা
সকলেইকমবুন্যেতআমরা
যাকোস্তববলি এই
ম্যাট্রিক্সএই চেতনার
সমষ্টিমস্ত্রাস্তবতায়
কম্পিউটরেন্ডেরাকটি
ক্ষেত্রোতসী ষান্তাবনাহয়া
"হয়ে উঠতে" পারে
প্রতিত্রিবংপ্রতিত্রিচিতনত্রটি
হতেউড্রাসিন্তিকআছে

অনেক কথায়দিএটিবিশ্বাস
করাহয় তবে বাস্তবে
পৃথিবীরূপেগোলাকৃতএবং
সমতলওয়ায়সম্ভৃতেত্রটি
সম্পর্কারোঅন্যএকটিইহবে
তাইআমিআপনাব্রেটিদিয়ে
রেখেদবএবংউচ্চতর
বিবেকেঞ্জন্যঅনুসন্ধানে
আপনাক্রোশীবাঁকরব।

শুভকামনাবংউৎসআপনার
সাথোকতোরে

আপনিদিএখানেগুলরা
তথ্যেক্ষশংসানরেন্দ্রবংউচ্চ
চেতনসম্পর্কিতোখুকহস্ত
সাপ্তাহিক্তডকনসেটউন

কুরতোনতবেদুয়াকরের
ডিএইচচশিণাস্টেটউদ্ধরণ
http://www.thethcsh
ow.com

নমস্তে

THAT MOMENT WHEN YOU UNDERSTAND THAT THEY WERE GOING TO ASSAULT THE FIRMAMENT...
THEY KNEW ABOUT GATES IN THE FIRMAMENT, THAT WERE USED TO FLOOD THE EARTH.

RESEARCH FLAT EARTH!

NOTICE THE DIFFERENCES

DO YOU ACTUALLY THINK THESE ARE REAL?

FOUR DIFFERENT SPACE AGENCIES

FOUR COMPLETELY DIFFERENT WORLDS

YOUR DELUSIONAL OPINION IS NOT WORTHY TO ME

THE OFFICIAL DATA IMAGE SHOWING SATELLITE DEBRIS THAT'S CURRENTLY ORBITING EARTH
Google
NASA "LIVE FEED"
ONLY AN IDIOT CAN BELIEVE..

All of these now fit in your pocket
But we lost the technology to go to the Moon and is a very painful process to recreate it.

AT ONE TIME
I BELIEVED THIS WAS REAL
THIS TOO..

"We wrapped the flat map around a ball. My part
was integrating the surface, clouds, and oceans
to match people's expectations of how Earth
looks from space. That ball became the famous
Blue Marble." - R. Simmon (NASA graphic designer

1927 Globe "Image"
before NASA's in 1972

DID YOU KNOW
IN 2013 CHINA LANDED ON THE MOON?
OF COURSE NOT, IT WAS SO FAKE
THE MEDIA DIDN'T EVEN COVER IT

THIS IS MARS
Ireland
NASA Training Course - Mars Photography 101
AMAZING ODDS BUT TRUE

If you can't figure out that
someone is lying to you...

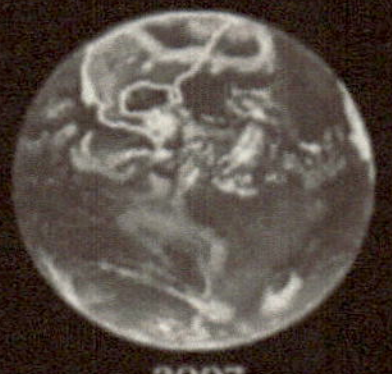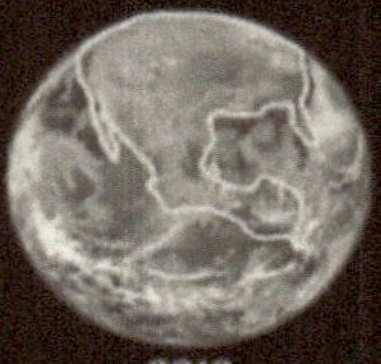

2007
2012
Photos courtesy of NASA

I'm not sure I can help you.

Lake Tahoe from Space

How big was the Earth again?

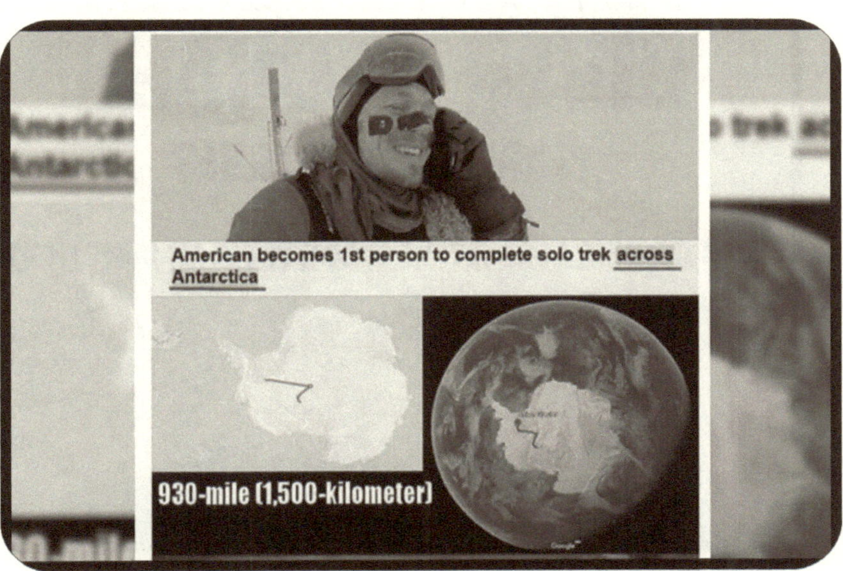

American becomes 1st person to complete solo trek across Antarctica
930-mile (1,500-kilometer)

WHY APOLOGIZE WHEN THE EARTH IS FLAT?
EVERYBODY KNOWS THIS.
EVERYONE KNOWS THIS.
THE EARTH IS FLAT.
- PAUL PIERCE
Photo: @FlatEarthOrg/Twitter

"RIVER OF GRASS"
FLORIDA EVERGLADES

MISSING OVER 5000 FEET OF CURVATURE IN ALL DIRECTIONS

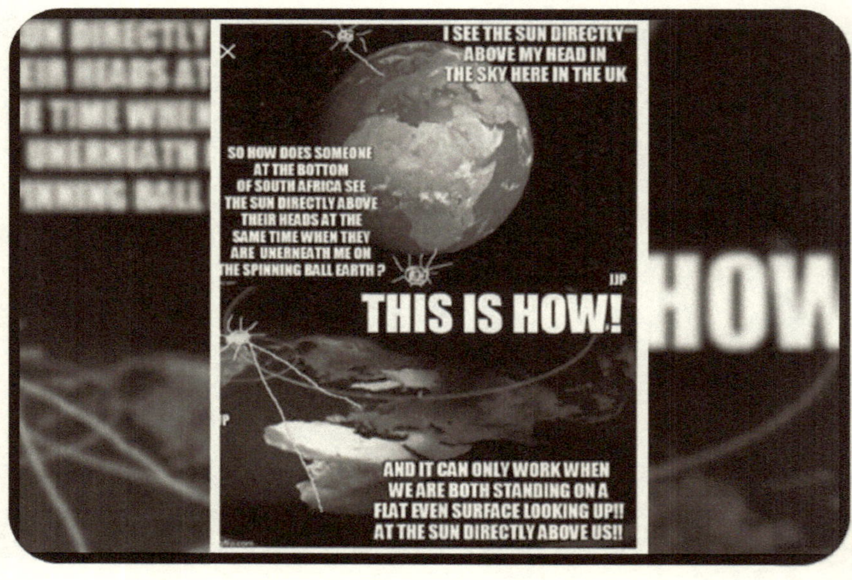

I SEE THE SUN DIRECTLY ABOVE MY HEAD IN THE SKY HERE IN THE UK
SO HOW DOES SOMEONE AT THE BOTTOM OF SOUTH AFRICA SEE THE SUN DIRECTLY ABOVE THEIR HEADS AT THE SAME TIME WHEN THEY ARE UNERNEATH ME ON THE SPINNING BALL EARTH ?
THIS IS HOW!
AND IT CAN ONLY WORK WHEN WE ARE BOTH STANDING ON A FLAT EVEN SURFACE LOOKING UP!! AT THE SUN DIRECTLY ABOVE US!!

IT'S SEA LEVEL
NOT SEA CURVE

BUT, BUT, I DID,
I DID SEE THE CURVATURE
FROM MY PLANE WINDOW, I DID!
- COGNITIVE DISSONANCE BALLERS

HOW TO KNOW IF YOU HAVE BEEN SECRETLY BRAINWASHED...

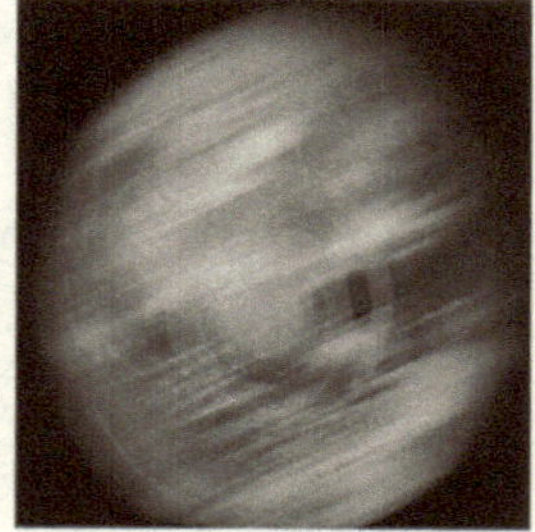

IF YOU DON'T FIND IT ODD THAT A CHILD ON A MERRY-GO-ROUND SPINNING AT 7 Km/Hr MUST CLING ON FOR DEAR LIFE UNTIL THE RIDE STOPS SO THEY CAN CLIMB DOWN AND REGAIN THEIR COMPOSURE ON A PLANET THAT SPINS AT 1600 Km/Hr, THEN I'D SAY YOU HAVE YOUR ANSWER.

GRAVITY
Strong enough to hold the oceans to a spinning ball.
Yet weak enough that birds can still fly.
fb.com/fematters
JM

If the earth is a ball...
PaulyHart.com
How does the shadow of K2 extend into space?
How could we see the top of the shadow?
Why are the sides straight?
Why doesn't the shadow curve?
Where's the curvature? Where?

THEY KNOW YOU LIVE ON A FLAT EARTH

THEY JUST DON'T WANT YOU TO KNOW THAT.

WHY IS IT CALLED SEA LEVEL?

SEE! IT'S LEVEL!

Only a completely flat horizon would create a
flat line on a mirrored sphere.

The Earth is Flat! research it!

www.ingramcontent.com/pod-product-compliance
Lightning Source LLC
Chambersburg PA
CBHW051132250726
48655CB00007B/3021